AF298070

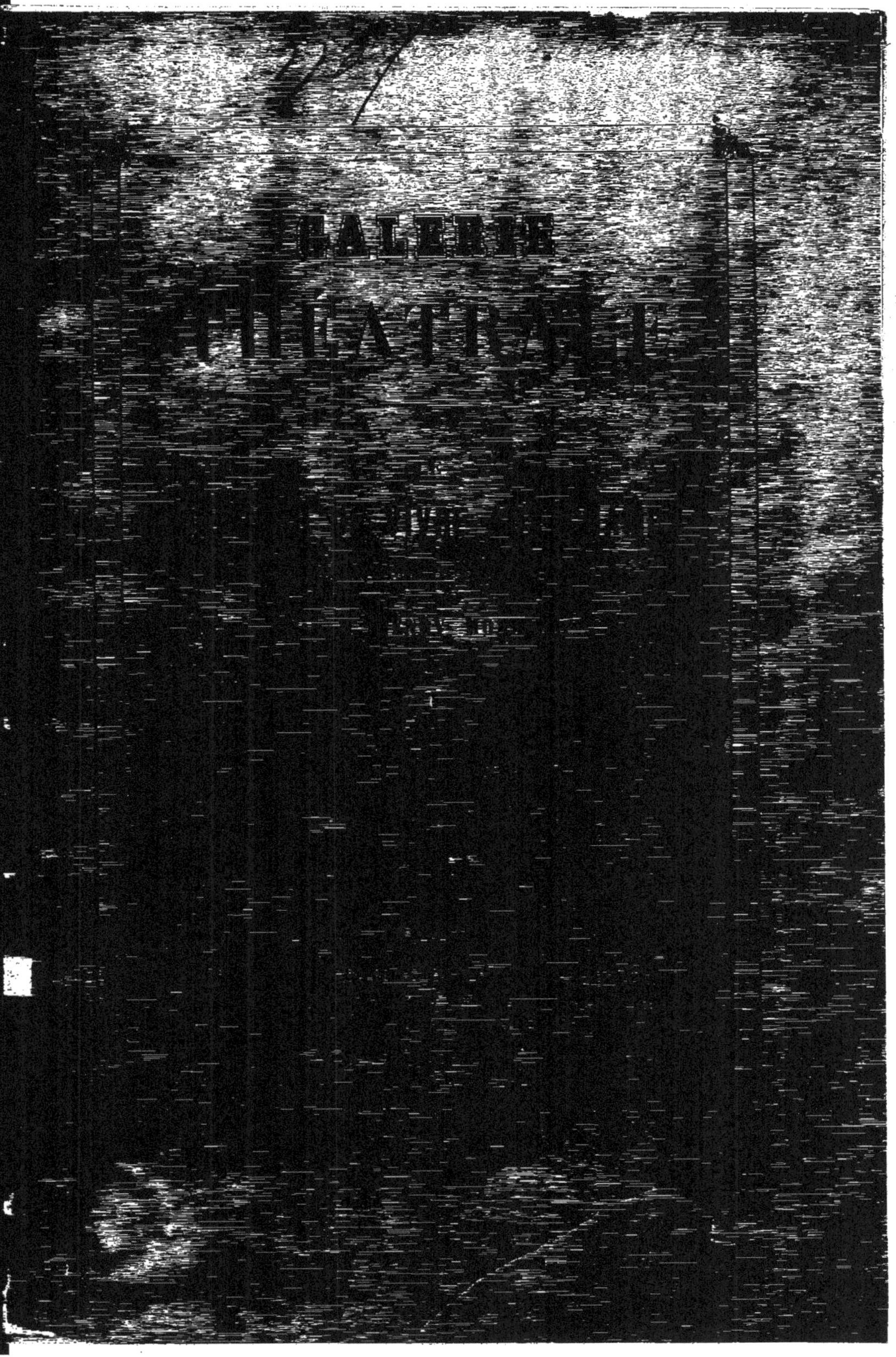

LE
BONHEUR DE VIVRE AUX CHAMPS

COMÉDIE-VAUDEVILLE EN UN ACTE

PAR M. HENRY MONNIER

Représentée pour la première fois à Paris, sur le Théâtre du Palais-Royal,
le 10 février 1855.

PERSONNAGES	ACTEURS.	PERSONNAGES.	ACTEURS.
TABAROT, commerçant retiré...	M. Pellerin.	GERVAIS, jardinier........	
Mme TABAROT........	Mme Thierret.	BEAUCORNET, voisin........	M. Henry Monnier.
EUGÉNIE, leur fille........	Mlle Chauvières.	UN AVOCAT............	
MARGOTTE, domestique......	Méry.	Mme POTIQUET.........	
POTIQUET, voisin..........	M. Octave.		

La scène se passe dans une campagne aux environs de Paris. — Le théâtre représente un jardin.

SCÈNE I.

MARGOTTE, *portant des paquets, des cartons, etc.*

Je ne sais déjà plus où madame m'a dit de mettre ses deux cartons; posons-les là, en attendant... C'est monsieur qui doit être dans la joie de son âme, lui qui désirait tant venir à la campagne! L'y voilà... je souhaite qu'il s'y amuse; mais l'endroit n'est pas gai : un vrai trou! Depuis hier seulement que nous y sommes, je m'ennuie déjà à périr : ça promet.

SCÈNE II.

MARGOTTE, TABAROT, *une ligne à la main et une boîte en fer-blanc en bandoulière.*

TABAROT.
Eh! non, non, non,
Vous n'êtes plus Lisette,
Eh! non, non, non,
Ne portez plus ce nom.

MARGOTTE. Déjà sur pied?
TABAROT. Crois-tu bonnement que je sois venu à la campagne pour y dormir comme une marmotte? J'étais debout avant le jour, j'ai assisté au lever de l'aurore, je lui ai vu ouvrir les portes de l'Orient.
MARGOTTE. Qu'est-ce que c'est qu' ces portes-là?
TABAROT. Une fiction mythologique. Je vois avec peine que tu n'es pas très-ferrée sur la Fable.
MARGOTTE. Je connais la fable du corbeau.
TABAROT. C'est toujours une bonne chose... Quand je pense que je suis à la campagne! moi qui, toute ma vie, n'ai eu d'autre perspective... que la rue Saint-Denis et la fontaine des Innocents!

AIR : *du Premier prix.*

Ici vraiment tout me transporte,
J'y respire un air pur et frais;
Tout mon être s'y reconforte,
Je me sens vivre, je renais.
Je vais, loin de la capitale,
Pour la blouse quittant l'elbeuf,
Y chanter comme la cigale,
Et me porter comme un Pont-Neuf.

A Paris, je ne respirais qu'à moitié; mais ici, quelle différence! comme j'ai eu de l'air toute la nuit! comme mes poumons se sont dilatés!
MARGOTTE. Je crois ben! le vent a ouvert toutes les fenêtres, et quinze carreaux l'ont dansé!

TABAROT. C'est donc ça que j'ai cru entendre un bruit de verres cassés.

MARGOTTE. C'étaient vos vitres.

TABAROT. Diable! diable! l'air est vif dans ce pays! Dis-moi, il n'est venu personne?

MARGOTTE. A cette heure-ci?

TABAROT. Il me tarde de connaître mes nouveaux voisins : on dit l'endroit parfaitement habité.

MARGOTTE. Je n'ai encore vu le bout du nez de personne... Ah! si pourtant.

TABAROT. Tu as vu le bout du nez de quelqu'un?

MARGOTTE. Celui du jardinier : ça m'a l'air d'un drôle de pistolet.

TABAROT. Son nez?

MARGOTTE. Eh! non, toute sa personne... Mais quoi donc que vous faites, à fouillonner comme ça tous ces paquets?

TABAROT. Je cherche mes hameçons; je serais bien aise d'offrir un plat de goujons à ces dames pour leur déjeuner.

MARGOITE. Vous allez pêcher?

TABAROT, *fredonnant.*

Si vous voulez bien le permettre!

MARGOTTE. Vous passerez donc la journée dehors?

TABAROT. Pourquoi ça?

MARGOTTE. Parce qu'il y a près de deux lieues pour aller d'ici à la rivière, et tout autant pour revenir.

TABAROT. Pas possible!

MARGOTTE. Dame! c'est le jardinier qui me l'a dit.

TABAROT. Le propriétaire m'a assuré, en me louant la maison, qu'elle était à dix minutes de la rivière.

MARGOTTE. En prenant le chemin de fer.

TABAROT. Il y a un chemin de fer?

MARGOTTE. Qu'on commencera dans deux ans... c'est le jardinier qui me l'a dit.

TABAROT. Fiez-vous donc aux propriétaires! Allons, je me passerai de goujons. Occupe-toi toujours du déjeuner, et, en attendant, apporte-moi n'importe quoi. L'air m'a donné un appétit... j'ai l'estomac sur les talons.

MARGOTTE. J'y cours, monsieur, j'y cours.

SCÈNE III.

TABAROT, EUGÉNIE.

EUGÉNIE. Bonjour, papa.

TABAROT. Bonjour, Minette. (*il l'embrasse.*) Je te trouve encore plus gentille ce matin que d'ordinaire. C'est l'air de la campagne.

EUGÉNIE. Tu crois?

TABAROT. Rien de meilleur pour les jeunes personnes; moi qui n'en suis pas une, je me sens tout autre. Je parierais que tu as bien mieux dormi qu'à Paris.

EUGÉNIE. Oh! pour ça, non. Il y avait dans la cour un vilain chien qui n'a cessé d'aboyer toute la nuit.

TABAROT. Il est vrai qu'il a fait un vacarme...

Je n'ai jamais entendu aboyer de cette force-là.

EUGÉNIE. Tu aurais dû descendre pour le faire taire.

TABAROT. Je m'en serais bien gardé.

EUGÉNIE. Pourquoi donc?

TABAROT. Il m'aurait dévoré.

EUGÉNIE. Ah! grands dieux!

TABAROT. La nuit, ces animaux-là ne connaissent personne.

AIR : *Un homme pour faire un tableau.*

> Ce chien, ma chère, est excellent;
> Toute la nuit il fait sa ronde,
> Et dans son zèle vigilant
> Il aboie après tout le monde.
> Il vaut mieux que certaines gens,
> Qui d'un air flatteur vous abordent,
> Et, sans même montrer les dents,
> Quand on les caresse vous mordent.

EUGÉNIE. Et tu comptes garder cette vilaine bête-là?

TABAROT. Certainement. Il y a, mignonne, deux choses qui ne peuvent se passer de chien : une maison de campagne et un fusil.

SCÈNE IV.

TABAROT, EUGÉNIE, BEAUCORNET.

BEAUCORNET. Monsieur Tabarot?

TABAROT. C'est ici.

BEAUCORNET. Serviteur de tout mon cœur. C'est à monsieur Tabarot que j'ai l'honneur de parler?

TABAROT. A lui-même, oui, monsieur.

BEAUCORNET. Monsieur, je suis votre voisin.

TABAROT. Monsieur, enchanté...

BEAUCORNET. Mille fois trop bon; j'ai appris votre arrivée hier, en me couchant, et je m'empresse, ce matin, en me levant, de vous rendre ma visite. Vous voudrez bien, j'espère, en faveur du motif, me pardonner d'être venu de si bonne heure; je craignais de vous manquer.

TABAROT. Comment donc, monsieur, je suis on ne peut plus sensible...

BEAUCORNET. Mille fois trop bon.

TABAROT. Eugénie, offre donc un siège à monsieur.

BEAUCORNET. Mille fois trop bonne.

TABAROT. Va voir si ta maman ne serait pas levée.

EUGÉNIE. Oui, papa.

SCÈNE V.

TABAROT, BEAUCORNET.

BEAUCORNET. Cette jeune personne vous appelle papa, serait-ce votre fille?

TABAROT. Oui, monsieur, je m'en flatte.

BEAUCORNET. Charmant enfant, monsieur! charmant enfant! Vous devez être fier d'avoir créé et mis au monde un bijou de cette valeur-là!

TABAROT. Heureux et fier, oui, monsieur, je ne le cache pas. Débarrassez-vous donc de votre chapeau.

BEAUCORNET. Non, monsieur, je tiens à ne pas m'en dessaisir.

TABAROT. Comme vous voudrez.

BEAUCORNET. J'irai même plus loin, si toutefois vous me le permettez, ce sera de le réintégrer sur mon chef.

TABAROT. Je vous en prie.

BEAUCORNET. A la maison, j'ai la tête constamment couverte, c'est peut-être un tort; si c'en est un, je le confesse en toute humilité! que voulez-vous, l'homme n'est pas parfait.

TABAROT. Ah çà, monsieur demeure près d'ici?

BEAUCORNET. Porte à porte.

AIR :

Vous ne pouvez pas faire un geste
Sans être aperçu de chez nous,
Et j'entendrai, je vous l'atteste,
Tout ce qui se dira chez vous.
  Mon logis, pour voir dans le vôtre,
  Semble disposé tout exprès :
  A moins que d'être l'un chez l'autre,
  On ne saurait être plus près.

TABAROT, à part. Diable, mais c'est très-gérant.

BEAUCORNET. Voilà, monsieur, si je ne me trompe, la première fois que nous avons l'honneur de nous rencontrer.

TABAROT. Je le suppose.

BEAUCORNET. Et cependant, vous n'êtes pas sans avoir souvent entendu parler de moi.

TABAROT. Et par qui, s'il vous plaît?

BEAUCORNET. Par une petite dame que vous connaissez beaucoup.

TABAROT. Vous la nommez?

BEAUCORNET. Madame Tabarot.

TABAROT. Ma femme!

BEAUCORNET. Ne vous a-t-elle pas dit qu'avant de s'unir à vous elle était sur le point d'en prendre un autre, un jeune homme fort intéressant? cet autre, c'était moi.

TABAROT. Vous?

BEAUCORNET. Anatole... Anatole Beaucornet. J'en étais fou, monsieur, j'en étais fou, et je crois, entre nous soit dit, que la petite personne...

TABAROT, à part. Hein?

BEAUCORNET. Mais des circonstances indépendantes de sa volonté et de la mienne m'ont empêché de lui donner mon nom. Enfin, puisque vous l'avez épousée, c'est que vous deviez l'être.

TABAROT. Quoi? monsieur! quoi? je vous prie.

BEAUCORNET. Son mari. Mais pardon, si je change de place (*Il transporte sa chaise à la droite de Tabarot et s'assied.*), jai là un diable de soleil qui me donne dans l'œil, je vous vois tout jaune. Elle vous a parlé de tout cela, n'est-ce pas?

TABAROT. Jamais, monsieur.

BEAUCORNET. Elle n'en pense pas moins, croyez-le bien. Mais, pardon si je vous interromps, n'avez-vous d'enfants que ce joli échantillon que je viens d'entrevoir?

TABAROT. Oui, monsieur, pour le moment.

BEAUCORNET. Et vous songez sans doute à la marier?

TABAROT. Oh! ça ne presse pas encore, mais quand je voudrai l'établir ce sera bientôt fait.

BEAUCORNET. Pas si vite que vous le pensez, et, si vous ne lui donnez pas grand'chose, vous courez grand risque de l'avoir longtemps encore sur les bras.

TABAROT. Il me semble, à la rigueur, que cela ne regarde que moi.

BEAUCORNET. Il est sûr et certain qu'il est beaucoup plus aisé de garder sa fille demoiselle, que de lui trouver un parti.

TABAROT. Ce n'est pas cela qui m'embarrasse.

BEAUCORNET. Je le souhaite de tout mon cœur... On a pourtant fait courir de certains bruits...

TABAROT. Et quels bruits, s'il vous plaît?

BEAUCORNET. Qu'en vous retirant des affaires, vous en laissiez de fort embrouillées.

TABAROT. Mais c'est une infâme calomnie!

BEAUCORNET. Je ne dis pas non.

TABAROT. Et je voudrais bien savoir qui a pu se permettre...

BEAUCORNET. Ce n'est certes pas moi, au surplus, si vous avez fait votre pelote, tant mieux. Laissez dire les mauvaises langues, et dormez sur les deux oreilles. — A propos, avez-vous une bonne?

TABAROT. Oui, Monsieur.

BEAUCORNET. Vous en êtes content?

TABAROT. Très-content.

BEAUCORNET. Tant pis.

TABAROT. Comment, tant pis? Il me semble que c'est tant mieux...

BEAUCORNET. J'aurais préféré le contraire.

TABAROT. Et pourquoi?

BEAUCORNET. Parce que j'en ai une qui vous conviendrait on ne peut mieux, un excellent sujet, que j'ai formé moi-même, d'un soin, d'une économie, d'une propreté... et faite!...

TABAROT. Et vous ne la gardez pas?

BEAUCORNET. C'est un de mes chagrins domestiques; elle ne peut s'entendre avec ma femme : l'eau et le feu.

TABAROT. Et vous pensez qu'avec la mienne...

BEAUCORNET. Elle s'entendrait parfaitement, j'en suis persuadé.. elle a le caractère si facile!

TABAROT. Votre bonne?...

BEAUCORNET. Madame Tabarot. Jamais elle n'a su dire non.

TABAROT. Mais, Monsieur...

BEAUCORNET. Tant que vous voudrez, on n'a pas fait la cour pendant un an à une femme, sans apprécier ses qualités.

TABAROT, à part. Ce voisin m'agace. J'aurais du plaisir à lui flanquer une frottée.

BEAUCORNET. Ah çà, voyons! quand venez-vous dîner avec nous?

TABAROT. Je ne saurais vous le dire.

BEAUCORNET. Voulez-vous demain?

TABAROT. Impossible!

BEAUCORNET. Après-demain?

TABAROT. Je vais à Paris.

BEAUCORNET. Mercredi?

TABAROT. Nous avons le parrain de ma fille.

BEAUCORNET. Jeudi.

TABAROT. Je prends médecine, et ces jours là...

BEAUCORNET. Au fait, quand vous voudrez. Je vous présenterai à ma bonne... Elle est un peu forte ; l'embonpoint ne lui messied pas. Sans adieu, cher voisin.

TABAROT. Bonjour.

BEAUCORNET. Rappelez-moi au souvenir de Niniche, c'est son petit nom : il est resté là gravé dans mon cœur.

TABAROT. Niniche !...

BEAUCORNET. Ah, dame! vous le savez, ces premières impressions, comme les affections rhumatismales, se calment par intervalles, mais ça revient toujours.

(*Ensemble.*)

BEAUCORNET.

Combien je suis heureux
D'un pareil voisinage ;
Nous gagnerons, je gage,
A nous connaître mieux.

TABAROT.

Que je suis malheureux
D'un pareil voisinage,
Et que son bavardage
Me paraît ennuyeux !

SCÈNE VI.

TABAROT, *puis* MADAME TABAROT.

TABAROT. Ah! il a soupiré pour ma femme! Elle s'est bien gardée de m'en parler, la gaillarde! A qui se fier, je vous le demande? A qui se fier?

MADAME TABAROT, *en dehors.* Monsieur Tabarot !

TABAROT. La voilà !

MADAME TABAROT, *entrant.* Ah! je te cherchais. Eh bien! nous sommes à la campagne, tu dois être bien heureux?

TABAROT, *d'un air sombre.* Ah! oui.

MADAME TABAROT. Comme tu dis cela! Est-ce que, par hasard, tu regretterais déjà Paris?

TABAROT. Regretter Paris, où je n'avais pas un moment de repos!... Ici, au moins, on s'appartient, on respire, on est tranquille.

MADAME TABAROT. Oui, joliment! quand on a sous sa fenêtre un horrible chien qui vous a empêchées, ta fille et moi, de fermer l'œil.

TABAROT. A la campagne, on a besoin d'être gardé.

MADAME TABAROT. Nous ne sommes pas dans un pays perdu; nous avons des voisins.

TABAROT. Oh! pour ça, oui! j'en ai déjà vu un échantillon ce matin.

MADAME TABAROT. Déjà!... Et quel est ce voisin?

TABAROT. Un homme qui prétend avoir poussé pour vous des soupirs.

MADAME TABAROT. Allons donc!

TABAROT. Et qui s'est flatté, parlant à ma personne, que ses soupirs n'étaient pas restés sans écho.

MADAME TABAROT. Voilà qui est un peu fort... Et le nom de cet original?

TABAROT, *la fixant.* Anatole.

MADAME TABAROT. Hein?

TABAROT, *à part.* Elle est émue: le drôle a dit vrai.

MADAME TABAROT. Comment, ce petit Anatole est notre voisin?

TABAROT. Vous vous le rappelez?

MADAME TABAROT. Confusément... Il y a si longtemps !

TABAROT. Fédora! n'aurais-je donc pas été le premier pour lequel votre cœur eût palpité?

MADAME TABAROT. Est-ce qu'on fait de ces questions-là? Vous êtes parfois d'une indiscrétion...

TABAROT. Mais, madame, ces questions... étant votre mari, j'ai, ce me semble, le droit de vous les adresser.

MADAME TABAROT. Non, monsieur ; car enfin, avant que je ne sois votre femme, vous n'étiez pas mon mari.

TABAROT. C'est juste.

MADAME TABAROT. Et alors j'étais libre de mes actions... Pouvais-je, d'ailleurs, empêcher un jeune fat de papillonner autour de ma personne? Il m'a fait la cour, je ne le nie pas... mais il était si laid !

TABAROT. Je vois qu'il n'est pas changé.

MADAME TABAROT. Au lieu que toi, mon Théodule, je me rappelle encore la première fois que je t'ai vu... que tu étais donc joli!... Je puis te dire cela à présent.

TABAROT. Oui, ces choses-là peuvent toujours se dire.

MADAME TABAROT. Avec ton habit barbeau et tes cheveux bouclés... Et tu peux penser que je t'aurais préféré ce sapajou de Beaucornet!

TABAROT. Non, je ne le pense pas; mon amour-propre s'y oppose.

MADAME TABAROT. Laisse donc ce présomptueux se flatter d'avoir fait sur moi quelque impression, et que ce ne soit pas son voisinage qui nous empêche de nous fixer dans ce pays, car nous nous y fixerons, n'est-ce pas?

TABAROT. Oui, je crois que le pays nous conviendra.

SCÈNE VII.

LES MÊMES, EUGÉNIE.

EUGÉNIE. Maman! maman! vois donc le joli papillon que je viens d'attraper!

TABAROT. Un papillon, voilà de ces plaisirs qu'on ne peut se procurer qu'à la campagne... Qu'on aille donc chercher des papillons dans la rue Saint-Denis!

EUGÉNIE. Je n'y ai jamais attrapé que des mouches.

TABAROT. Si elles étaient à miel encore! mais on n'en trouve même pas.

Madame Tabarot. Je vois avec plaisir que nous ne nous ennuierons pas ici, et que cette petite ne sera pas fâchée d'y être venue... N'est-ce pas, Eugénie?

Eugénie, *occupée de son papillon*. Maman!

Madame Tabarot. Tu n'es jamais à ce qu'on te dit... Je te demandais si tu ne seras pas bien aise de rester ici?

Eugénie. Tu sais bien, maman, que j'ai toujours fait ce que tu as voulu.

Madame Tabarot. Voyons, ne te pose donc pas en victime, comme si ce n'était pas nous qui faisons toujours tes volontés!

Tabarot. Pourquoi lui dis-tu cela? Ne vas-tu pas lui faire de la peine, à présent?

Madame Tabarot. Je peux bien, je pense, me permettre une observation.

Tabarot. Il y a manière de dire les choses.

Madame Tabarot. Je sais bien qu'avec elle, c'est toujours moi qui aurai tort.

Tabarot. Voilà que tu te piques : tu es vraiment d'une vivacité...

Madame Tabarot. Et vous d'une injustice...

Eugénie. Maman, je n'ai pas dit ça pour te contrarier. (*Elle pleure.*)

Tabarot. Allons, la voilà qui fond en larmes... mon Dieu! mon Dieu! qu'il est donc malheureux de ne plus pouvoir se dire un mot sans se fâcher!

Eugénie, *sanglotant*. Maman, je te demande bien pardon.

Madame Tabarot. Maudite campagne! c'est elle qui depuis trois mois est la cause de tous les chagrins que nous éprouvons! Je finirai par la prendre en grippe.

Tabarot. Nous n'avons pas le sens commun, nous qui pourrions être si heureux!

Madame Tabarot. Ce n'est certes pas moi qui m'y oppose.

Tabarot. Il n'y a pas, dans tout ça, de quoi fouetter un chat. (*A Eugénie.*) Voyons, bonne Minette, embrassons mémère, et venons faire un tour dans le jardin. Nous avons les yeux rouges comme un lapin blanc.

Air :

(*Ensemble.*)

TABAROT.

Allons, viens, je t'accompagne,
Tu ne peux t'y refuser;
Quand on est à la campagne,
C'est pour rire et s'amuser.

EUGÉNIE.

Puisque papa m'accompagne,
Je ne puis m'y refuser;
Pour lui plaire, à la campagne,
Ayons l'air de m'amuser.

MADAME TABAROT.

Allons, puisqu'il t'accompagne,
Tu ne peux t'y refuser;
Nous sommes à la campagne,
Nous devons nous amuser.

SCÈNE VIII.

MADAME TABAROT, puis GERVAIS.

Madame Tabarot. Les parents sont tous les mêmes, et que les enfants le savent bien! Voilà une petite fille qui, avec ses pleurnicheries, nous fait faire tout ce qu'elle veut. Mais conçoit-on cet Anatole, qui se trouve précisément notre voisin, et qui a la bêtise d'aller dire à mon mari... Comme si l'on disait ces choses-là! Je le reconnais bien là : il n'a jamais vu plus loin que son nez.

Gervais, *entrant par la droite avec un bouquet.* Ça va ben à c' matin, la bourgeoise?

Madame Tabarot. Pas mal, et vous? Ah çà, mon cher, j'espère que vous allez me mettre le jardin en état, le verger surtout! J'adore les fruits ; je suis bien aise de vous le dire.

Gervais. Si c'est ça, j'en manqu'rons point c'tannée.

Madame Tabarot. Mais alors, qu'est-ce donc que ces cinq ou six malheureuses petites prunes vertes que je viens de voir à la cuisine?

Gervais. J' vas vous dire, céquiont les celles que l' vent avions fait tumber et qu' jons ramassées.

Madame Tabarot. Et vous voulez nous faire manger ça?

Gervais. Si vous n' mangez qu' les bonnes, quoiqu' vous f'rez des mauvaises?

Madame Tabarot. Je les jetterai par la fenêtre.

Gervais. A c' train-là, vous n'en aurez point pour ben longtemps.

Madame Tabarot. Ça m'est égal, je n'aime que le bon fruit ; ayez la bonté de m'en cueillir d'autres, entendez-vous, qu'il y ait de quoi choisir.

Gervais. Ça suffit.

Air : *Voltaire chez Ninon.*

Oh! du moment qu' ça vous convient,
J'ons pas le pus p'tit mot à dire;
Tout dans l' jardin vous appartient;
A vos volontés j' dois souscrire ;
J' les cueillerons tout's si ça vous plaît,
Tout's sans en épargner aucunes.
Mais prenez d'abord mon bouquet :
Que j' soyons point v'nu pour des prunes.

Madame Tabarot. Merci, c'est une bonne idée que vous avez eue là. — Ah! grands dieux! quelle odeur!

Gervais. Ein vrai baume, pas vrai?

Madame Tabarot. Ça, c'est une infection... je ne m'étonne pas, vous avez été m'y fourrer des œillets d'Inde.

Gervais. C'est tout d' même ben gentil.

Madame Tabarot. Fi! l'horreur! *Elle jette le bouquet, Gervais le ramasse et le pose sur une table de jardin à droite.*)

Gervais. J' vois d'ici qu' vous n'aimez point l'z'œillets.

Madame Tabarot. J'en raffole, au contraire,

mettez-en partout, mais pas d'Inde, je les exècre.

Gervais. Bah !... Quand eune fois vous y s'rez habituée, vous n'en voudrez pas d'autres.

Madame Tabarot. Vous êtes charmant, j'espère bien ne pas m'y habituer du tout, et j'entends que vous arrachiez, immédiatement, tous ceux qui sont dans le jardin.

Gervais. Oh ! mais, non.

Madame Tabarot. Voilà qui est un peu fort.

Gervais. En fait d'aut' chose, j'arracherons tout c' que vous voudrez, mais pour ce qu'est d' z'œillets d'Inde, je n' les arrach'rons point.

Madame Tabarot. Et moi, je vous dis que je ne veux plus en voir un seul.

Gervais. Un jardin ous qu'y n'y aurait point d'œillets, ça s'rait du propre.

Madame Tabarot. Vous ne voulez décidément pas obéir ?

Gervais. J' préférons m'en allais.

Madame Tabarot. Allez-vous-en.

Gervais. Vous voulez comme ça que j' m'en aille ?

Madame Tabarot. C'est vous qui me mettez le marché à la main.

Gervais. Vous n' m'avez t'y point dit : Allez-vous-en ?

Madame Tabarot. Parce que j'entends faire chez moi tout ce que bon me semble.

Gervais. Cheux vous, je ne dis point, mais l' jardin n'est point cheux vous.

Madame Tabarot. Ah ! ce n'est point chez moi.

Gervais. Oh ! mais non.

Madame Tabarot. Quoi, je ne serai pas libre d'avoir les fleurs qui me conviennent ?

Gervais. Acoutez, je n' sommes point jardinier d'hier, j' l'équions d' père en fils, j' savons c' qui conv'nons dans un jardin, comme c' qui n' conv'nons point, marchais.

Madame Tabarot. Laissez-moi tranquille, et si d'ici à vingt-quatre heures, vous n'enlevez pas vos œillets, je les enlève moi-même.

Gervais. Vous avisais point d'y touchais !

Madame Tabarot. Je crois, Dieu me pardonne, qu'il lève la main sur moi. Sortez, malotru que vous êtes, sortez, je vous l'ordonne !

Gervais. Touchez-y eune fois, à mes œillets, vous voirais.

(Ensemble.)

MADAME TABAROT.

Conçoit-on l'insolence
D'un tel entêtement !
Mais je saurai, je pense,
S'il ne parle autrement,
Le mener rondement.

GERVAIS.

Faut-y de la patience !
Ah ! j'enrage vraiment !
Ces bourgeois voudraient, j' pense,
Dans leur entêtement,
Nous m'ner ben lestement.

(Madame Tabarot, outrée, prend le bouquet et le lance à la tête de Gervais lorsqu'il est près de sortir par le fond.)

SCÈNE IX.

Madame TABAROT, puis TABAROT.

Madame Tabarot. Je comprends parfaitement qu'il y ait des moments dans la vie où l'on devienne criminel ; j'eusse été homme, que certes je me serais portée à quelque voie de fait envers ce brutal !

Tabarot, _entrant_. Ah ! par exemple, cette fois-ci, c'est réellement par trop fort, j'aime mieux cent fois la rue Saint-Denis.

Madame Tabarot _suivant son mari qui arpente le théâtre_. Qu'avez-vous ? que vous est-il arrivé ?

Tabarot. Je ne supporterai pas ça ; c'est par trop fort de café.

Madame Tabarot. Mais quoi encore, expliquez-vous ?

Tabarot. Imagine-toi, chère amie, que j'étais là, dans le petit pavillon à l'extrémité du jardin, occupé à lire la gazette que je venais de recevoir de Paris, quand tout à coup, de ce côté, les sons retentissants d'une affreuse trompe de chasse se font entendre. Je m'efforçai d'abord de tenir bon et de résister aux fanfares réitérées qui affligeaient mon tympan ; mais plus j'y mettais de constance, plus mon agaçant voisin semblait mettre de ténacité à renforcer ses sons discordants. Enfin, n'y pouvant plus tenir, je sors du pavillon, et je crie à tue-tête : Monsieur, monsieur du cor de chasse !... Une amazone se met à la fenêtre. Pardon, madame, j'interpelle le monsieur qui donne du cor. — Ce n'est pas un monsieur, c'est moi qui use de cet instrument. Elle aurait dû dire qui abuse. — Vous, madame ? Mais vous allez, avec ce tintamarre, faire aboyer tous les chiens des environs. — Vous êtes un manant, un malappris, et là-dessus elle se remet à l'œuvre et continue sa fanfare, et, cette fois, d'une force à défier les poumons les plus masculins ! Je me sauve en me bouchant les oreilles à l'autre bout du jardin, je me jette sur un banc, et, en levant les yeux au ciel, qu'est-ce que j'aperçois au-dessus de ma tête ? un affreux serpent !

Madame Tabarot. Grands dieux !

Tabarot. C'était celui de la paroisse qui s'exerçait à sa croisée pour les offices du dimanche, et qui soufflait comme un Triton dans son lugubre et déplorable reptile. Oh ! pour le coup, j'ai bondi hors du jardin, et je vais écrire au propriétaire... Venir à la campagne pour chercher le repos, et se voir exposé à couler ses jours entre un cor de chasse et un serpent !... c'est à en faire plusieurs maladies.

Madame Tabarot. Et vous prétendiez que nous vivrions ici si paisiblement !

Tabarot. Est-ce qu'on peut s'attendre à des atrocités pareilles ? C'est comme un fait exprès, depuis que je suis ici tout m'agace.

Madame Tabarot. J'en ai autant à vous offrir. Il n'y a pas jusqu'au jardinier, qui, tout à l'heure, m'a fait sortir des gonds.

Tabarot. Ah ! bah !

Madame Tabarot. Il prétend me faire manger des prunes vertes, et m'a soutenu que je devais avoir dans mon jardin des fleurs que je ne peux pas souffrir.

TABAROT. C'est assez curieux. ·

MADAME TABAROT. Et parce que je m'y oppose, ce monsieur veut nous planter là.

TABAROT. Qu'il nous plante, ça m'est parfaitement égal ; il n'en manque pas, Dieu merci ! nous en prendrons un autre. Ils sont étonnants, tous ces gaillards : il faudrait baisser pavillon devant eux ; jamais, par exemple !

SCÈNE X.

LES MÊMES, MARGOTTE, PUIS MONSIEUR ET MADAME POTIQUET.

MARGOTTE. Monsieur !

TABAROT. Qu'est-ce?

MARGOTTE. Y a là des gens qui vous demandent.

MADAME TABAROT. Quels sont ces gens?

MARGOTTE. Ils disent à ça qui sont vos voisins.

TABAROT. Ne les laisse pas entrer.

MARGOTTE. Ma foi y n'est plus temps, les voilà.

MADAME POTIQUET. Ein bonjour à chacun. Vot' servante la companie.

POTIQUET. Serviteur à la compagnie !...

MADAME POTIQUET, *à son mari.* Voyons, vas-tu point t' teni?

TABAROT. Monsieur serait-il incommodé?

MADAME POTIQUET. Y l'étiont point. tant seul'ment qu'il aviont pris ein varre d' vin d' trop. T'nais, si faut l' dire, j' sommes outrée cont' li.

MADAME TABAROT. Il y a de quoi.

POTIQUET. Contre moi?...

MADAME POTIQUET. Voyons, tais-toi. Comme à c' matin, j' sortions d' cheux nous, pour nous en v'ni cheux vous, j' rencontrons ein homme d' cheux li, — à m' n'homme, l' maréchal d' Boubiers, ilà, tout cont' l'église. — Les v'là qui leux font fête, pis qui s'en vont cheux l' garçon à la Rose, *au cabaret,* durant qu' j'étions n'entrée cheux la Gillotte, la fàme à père Gillot, qu' son homme, à la Gillot, défunt père Gillot, il aviont n'été brésillé dans nenne carrière à la Moizy, qu'a leux z'y a rien baillé pour ça, la Moizy !...

POTIQUET. Oh ! ça, c'est vrai !

MADAME TABAROT. Peut-on se mettre dans ces états-là !

MADAME POTIQUET. Aveucq ça qu'il étions point commode, l' pauv' cher ami, mais qu'il étiont bu.

MADAME TABAROT. Et elle nous l'amène ici !

MADAME POTIQUET. Ayez point peur, y f'ra point d' sottises, mais qu'on li dit rien.

POTIQUET. Conte-leux-y ton conte !

MADAME POTIQUET. Mets-toi là sur c'te chaise et n'en bouge point, tends-tu !... Seyez-vous voisin... seyez-vous , voisine !... (*Elle s'assied à droite, à côté de Potiquet.*)

TABAROT. Bien obligé !

MADAME POTIQUET, *à son mari.* Voisin, j' sommes venus de quand mon homme, à seule fin de vous proposer eune affaire.

TABAROT. Et quelle affaire, s'il vous plaît ?

MADAME POTIQUET. J'allons vous conter ça.

POTIQUET. Conte-leux-y ton conte.

MADAME POTIQUET. Tu vas point t' taire?... V'là voisin c' que c'est : J'ons eune pièce cont' la mare aux grenouilles , attenant à vot' varger,

que j'vous cèderions pour ben bon marché, pour peu qu' ça vous arrange, mais d' la fine tarre dà, d' la tarre à filasse, qui n'y avions point sa meilleure.

TABAROT. Bien obligé, voisine, mais dans l'incertitude où nous sommes si nous nous fixerons ici...

MADAME TABAROT. Nous ne nous y fixerons pas !

MADAME POTIQUET. Acoutais, du moment qu' vous n'en voulais point, mettons que j' n'ons rien dit. (*Elle se lève.*)

TABAROT. Je n' dis pas que plus tard...

POTIQUET, *se levant.* J'en sommes point embarrassais.

MADAME POTIQUET. Tu vas point t' taire?

MADAME TABAROT. Nous en reparlerons une autre fois.

MADAME POTIQUET. Dès qu' ça n' vous conv'nons point, suffit, j' savons ce que parler veut dire ; faut pas croire, ben que j' soyons d' la campagne, j' soyons des bêtes. Oh ! mais non !

TABAROT. Je ne l'ai jamais cru.

MADAME POTIQUET. J' n'ons pas b'soin qu'on nous mettions l' n'ez d' dans pour comprend' les choses.

TABAROT. Vous auriez tort de supposer...

MADAME POTIQUET. J'vous ennuyons, je l'voyons ben.. Viens-t'en , mon homme; faut pas rester d' force cheux les gens.

POTIQUET. Conte-leux-y ton conte.

MADAME POTIQUET. J' leux z'y ai conté, mais p'tèt' ben qu' si j' leux-y donnions not' pièce pour rien, l' contrat en main, qui z'en voudre-riont.

POTIQUET. Leux y donnais pour rien. J'leurx y flanquerions piutôt eune torgnole à ces mauvais Parisiens ila.

TABAROT. Monsieur !

MADAME TABAROT. Une torgnole à mon mari !

POTIQUET. J'ons point froid aux mains... ah ! mais...

TABAROT. Oser me menacer !

MADAME POTIQUET. Pourquoi qu'vous l'contrariais, n'vous y frottais point, y n'a point l'vin bon, méfiais-vous.

MADAME TABAROT. Se voir ainsi mener chez soi.

TABAROT. C'est à ne pas y croire.

MADAME POTIQUET. Méprisais not'p ièce dè tarre.

TABAROT. Qui vous parle de votre tarre, je ne méprise que vos procédés, parce qu'is le méritent, et je vous invite à ne pas m'échauffer les oreilles et à évacuer mon domicile.

MADAME TABAROT, *s'interposant.* Théodule !

MADAME POTIQUET. Faut point tant criais, j'y t'nons déjà point si tant à restais dans vot' bicoque. Viens-nous-z'en mon homme.

POTIQUET. J'm'en irons point que j' leux-y ai conté mon conte.

(*Ensemble.*)

AIR : *Ah ! c'est trop fort.*

M. ET MADAME TABAROT.

Ah ! c'est affreux ! oui, c'est épouvantable !
Se voir ainsi vexer dans sa maison !

Cette conduite est vraiment détestable !
Ces paysans ont perdu la raison.

MADAME POTIQUET, *emmenant son mari.*

Allons, marchons, faut s' montrer plus traitable,
Et n' point ici rester en garnison.
Toi, quand t'es bu t'es mauvais comme un diable ;
Mais j' saurons ben te r'mettre à la raison.

POTIQUET, *résistant.*

J' sommes bon enfant et d'humeur agréable ;
Mais si l'on veut m' traitais comme un dindon,
Tout aussitôt j' somm's mauvais comme un diable,
Et j' mettrais l' feu, morguenne, à la maison.

SCÈNE XI.

MONSIEUR TABAROT, MADAME TABAROT.

MADAME TABAROT. Venir me faire une avanie
pareille, et à propos de quoi, je te le demande.
TABAROT. Ces gens-là sont des brutes.
MADAME TABAROT. Et nous viendrions demeu-
rer au milieu de tout ça ? j'aimerais mieux me
jeter à l'eau dans les vingt-quatre heures.
TABAROT. Je vas faire condamner ma porte.
MADAME TABAROT. Et tu feras bien.
TABAROT. Cette maison est comme une halle.
MADAME TABAROT. Absolument.
TABAROT. Et cette Margotte qui ne nous fait
pas déjeuner... Je ne sais pas si tu es comme
moi...
MADAME TABAROT. Je ne sais plus ce que je
suis.
TABAROT. Mais le grand air et les contrariétés
me creusent à un point... je mangerais du fer.

SCÈNE XII.

LES MÊMES, EUGÉNIE.

EUGÉNIE. Ah ! maman, si tu savais ! il n'y a
plus une seule prune dans le jardin.
MADAME TABAROT. Comment ! ce matin, les
arbres regorgeaient de reines-Claude magni-
fiques !
EUGÉNIE. On a tout cueilli.
TABAROT. Ce jardinier ne fait donc attention à
rien.
EUGÉNIE. Il prétend que c'est pour obéir à
maman qui lui a dit qu'elle voulait choisir.
MADAME TABAROT. C'est un idiot, je n'ai jamais
dit ça.
TABAROT. A-t-on jamais vu un entêtement
pareil !
MADAME TABAROT. C'est affreux !
TABAROT. Un jardinier qui nous manque à ce
point-là, qui foule aux pieds toute la hiérarchie
sociale ! Et les lois sont muettes pour réparer de
tels désordres !
MADAME TABAROT. C'est criant !
TABAROT. A Paris, au moins, vous avez le com-
missaire de police, le sergent de ville, votre por-
tier : on a même, au besoin, quatre hommes et un
caporal pour faire respecter son domicile.

AIR : *La robe et les bottes.*

Mais en ces lieux pas même un seul gendarme,
Pas un soutien quand on vient m'outrager ;
Le citoyen ici reste sans arme
Contre tous ceux qui le font enrager.

On me vantait la liberté champêtre,
Et ma maison, d'après ce que je vois,
Est un logis où tout le monde est maître,
Oui, tout le monde, excepté moi.

(*Parlé.*) Mais, s'il fallait longtemps vivre
ainsi, j'aimerais mieux encourir les derniers
supplices ! Voilà vingt-deux ans que je n'ai été
si fort en colère ! Oui, certes, je préférerais com-
mettre un crime !...
EUGÉNIE. Papa !...
MADAME TABAROT. Monsieur Tabarot, je vous
en prie, ne dites pas de ces choses-là devant ma
fille !
TABAROT. Depuis ce matin, je me retiens.
MADAME TABAROT. Voyons, ne sors pas ainsi
de ton assiette.
TABAROT. Je le voudrais, que je ne le pourrais
pas !
MADAME TABAROT. Je t'en prie !
TABAROT. Saperlotte ! que j'ai donc faim ! Ah !
voici Margotte.

SCÈNE XIII.

TABAROT, MADAME TABAROT, MARGOTTE.

TABAROT. Eh ben, et ce déjeuner ?
MARGOTTE. Ne m'en parlez pas. J'ai été de
porte en porte, impossible de rien trouver.
TABAROT. Pourquoi t'en aller de porte en
porte ? Et ce pâté que nous avons entamé en
route ?
MARGOTTE. Je l'ai fini hier, en me couchant.
TABAROT. Par exemple !
MARGOTTE. Dame ! moi, j'avais faim !...
TABAROT. Il en restait plus de deux livres !
MARGOTTE. J' l'ai pas pesé ; mais tout y a passé,
jusqu'à la croûte.
TABAROT. Ma mie, vous êtes un peu sur vôtre
bouche !
MADAME TABAROT. Eh bien ! faites-nous une
omelette.
MARGOTTE. Ah ben, oui ! des œufs ! C'est jour
de marché, il n'en reste pas un : légumes, vo-
lailles, tout ce qui se récolte passe au marché.
TABAROT. Faut donc mourir de faim !
MARGOTTE. Tout n'est pas perdu. Voyant
qu'on ne pouvait rien avoir qu'au marché, je
viens d'y envoyer la femme au jardinier.
TABAROT. Sera-t-elle longtemps ?
MARGOTTE. Elle m'a dit qu'en prenant la tra-
verse, on n'avait que cinq quarts de lieue.
TABAROT. Nous déjeunerons à l'heure où l'on
dîne.
MADAME TABAROT. Quel affreux pays ! Et
nous n'avons rien, absolument rien ?
MARGOTTE. Dame ! Monsieur, il n'y a que le
restant d'un pain qu'est dur comme du fer, par
exemple.
MADAME TABAROT. Fais-nous une panade.
MARGOTTE. C'est une idée.

(*Elle sort à gauche.*)

TABAROT. Venir à la campagne pour se nourrir
de panade !
MADAME TABAROT. C'est champêtre.
TABAROT. Et peu restaurant. Mais il n'est
pas possible qu'il n'y ait pas quelque chose

dans le pays!... Ma femme, ma fille, allez donc voir.

M. ET MADAME TABAROT, EUGÉNIE.

Contentons-nous d'une panade,
Et si nous faisons maigre chère,
N'avons-nous pas la promenade,
Les prés, les bois et le grand air?

SCÈNE XIV.

TABAROT, *puis un* AVOCAT.

TABAROT. Je vois que si la campagne a ses charmes, elle a aussi ses inconvénients ; on y a de l'air, c'est vrai ; on y gagne de l'appétit, mais pour déjeuner, j'aime mieux le pâté des Italiens. Que demande monsieur?

L'AVOCAT. Le maître de la maison?

TABAROT. Vous l'avez trouvé.

L'AVOCAT. Comment! Ce serait à M. Tabarot...

TABAROT. Que vous avez l'honneur de parler, oui, monsieur.

L'AVOCAT. C'est particulier!

TABAROT. Vous trouvez?

L'AVOCAT. Oui, monsieur. Je m'étais fait de vous une tout autre idée. D'abord, je vous avais supposé plus grand, bien que pourtant vous soyez d'une taille fort raisonnable, puis je vous croyais des lunettes.

TABAROT. Jamais je n'en ai porté.

L'AVOCAT. Eh bien, plus je vous regarde, moins je vous aurais reconnu.

TABAROT. Surtout si vous ne m'avez jamais vu.

L'AVOCAT. Jamais, monsieur, au grand jamais, aurais eu cet honneur, que certes je serais loin de le décliner. — Ma démarche, cher monsieur Tabarot, va vous paraître sinon étrange, au moins fort bizarre et fort singulière.

TABAROT. Je n'ai, jusqu'à présent, aucun motif pour le supposer.

L'AVOCAT. J'aime à le croire ; mais vous savez il y a dans le monde, en général, et dans la société, en particulier, une foule de considérations auxquelles il faut bon gré mal gré se soumettre et s'astreindre — Quantité de devoirs et d'obligations à remplir. — De délicatesses et de susceptibilités à ménager. — Aussi, la mission qui m'est dévolue est-elle toute de conciliation et de paix.

TABAROT. Oui, monsieur.

L'AVOCAT. De celles qui exigent des personnes qui veulent bien s'en charger, une communion d'idées, ou plutôt un échange de bons et loyaux procédés, un doux mélange de confiance et d'abandon.

TABAROT. Où diable veut-il en venir?

L'AVOCAT. Dans cette affaire, se trouvent compromis, à la fois, le repos et la tranquillité d'une femme qui m'est chère à plus d'un titre, et dont la vie a été de tout temps une longue série de bonnes œuvres et de nobles dévouements.

TABAROT. Mais monsieur, qui êtes-vous?

L'AVOCAT. Le neveu de ma tante.

TABAROT. Quoi! cette dame serait...

L'AVOCAT. La femme de mon oncle.

TABAROT. Mais son nom? monsieur, son nom?

L'AVOCAT. Madame de Beaucornet!

TABAROT. Quoi! vous seriez...

L'AVOCAT. Le fils de son frère, de son propre frère. Eh bien! monsieur, depuis qu'il est devenu votre voisin, ce malheureux homme n'en est plus un.

TABAROT. J'en suis bien fâché.

L'AVOCAT. Et vous devez l'être. Cet amour que ma tante croyait éteint s'est rallumé de plus belle ; c'est un Vésuve qui bouillonne en les veines de l'infortuné Beaucornet. Vous ne le connaissez pas!

TABAROT. Ni veux le connaître.

L'AVOCAT. Il est homme à tout entreprendre.

TABAROT. C'est ben le cadet de mes soucis, et que voulez-vous qu'il entreprenne?

L'AVOCAT. Les choses les plus inouïes et les plus invraisemblables. Elle, la pauvre femme, n'entend pas qu'on accapare son mari, ça, je le conçois, elle n'en a qu'un.

TABAROT. J'aime à le croire.

L'AVOCAT. Aussi, tient-elle à le conserver pur et intact. Et c'est en son nom, au mien, en celui de la morale et de la bienséance, que je viens vous conjurer, à mains jointes, de ne plus l'attirer chez vous.

TABAROT. Je suis tellement peu disposé à l'attirer chez moi, que s'il osait jamais s'y présenter, je le ferais voler par la fenêtre.

L'AVOCAT. Le mari de ma tante?

TABAROT. Ça ne pèserait pas deux onces.

L'AVOCAT. Mais c'est une infamie !

TABAROT. C'est ainsi.

L'AVOCAT. Un guet-apens!

TABAROT. Si vous voulez.

L'AVOCAT. Je regrette que le caractère dont je suis revêtu ne me permette pas de prendre corporellement la défense du meilleur des hommes. Mais madame de Beaucornet attend deux autres neveux, sous-officiers au 1er carabiniers, qui ne tarderont pas à venir ici vous demander réparation.

SCÈNE XV.

LES MÊMES, MADAME TABAROT.

MADAME TABAROT. Deux carabiniers! une réparation! De quoi s'agit-il?

TABAROT. Rien, rien, chère amie ; c'est monsieur qui vient me débiter un tas de coq-à-l'âne.

MADAME TABAROT. Comme si ce n'était pas assez de ce qui nous arrive!

TABAROT. Quoi donc encore?

MADAME TABAROT. Ce gros vilain chien...

TABAROT. Il t'a mordue?

MADAME TABAROT. Si ce n'était que ça !

TABAROT. Il ne t'a pas étranglée?

MADAME TABAROT. Je l'eusse préféré.

TABAROT. Mais qu'a-t il fait, bon Dieu!... qu'a-t-il fait!

MADAME TABAROT. Il a fait, qu'il a brisé sa chaîne... qu'il a tout ravagé chez les voisins. Ils sont furieux.

TABAROT. Cela ne nous regarde pas, ce chien n'est pas à moi.

L'AVOCAT. Permettez, permettez, vous en étiez détenteur ; il y a bris de clôture, violation de domicile : l'affaire est des plus graves.

Tabarot. Il fallait ça pour nous achever de peindre.

Madame Tabarot. Ah! les voilà.

SCÈNE XVI.

Les Mêmes, EUGÉNIE, MARGOTTE, POTIQUET, Paysans et Paysannes.

(*Ils ont tous à la main des pièces de conviction. Potiquet tient une demi-douzaine de canards, un autre des lapins, d'autres des poules, d'autres enfin des débris de vaisselle.*)

(*Ensemble.*)

Air :

POTIQUET ET LES VOISINS.

Cheux nous porter le trouble
Et ravager not' bien,
Il faudra payer double,
Et répond' pour vot' chien.

M. ET MADAME TABAROT, EUGÉNIE, MARGOTTE.

Chez nous porter le trouble,
Crier ainsi pour rien,
Loin d'être payés double,
De nous vous n'aurez rien.

L'AVOCAT.

Porter ici le trouble,
Vraiment, ce n'est pas bien;
Pour être payés double,
C'est un mauvais moyen.

POTIQUET.

Sans tarder allons nous plaindre,
Courons trouver le juge de paix,
Et nous saurons bien vous contraindre
A payer l' dommage et les frais.

(*Reprise.*)

L'Avocat. Eh quoi! mes amis, vous voulez traîner devant la justice un père de famille qui est venu chercher le calme et le frais sous vos ombrages? Et pourquoi? je vous le demande, et pourquoi?

Potiquet. Pourquoi qu' leu chien il aviont ravagé nos jardins et nos volailles?

L'Avocat. Eh! mais ce chien a-t-il la conscience de ses actes? S'il a immolé vos canards, fait passer le goût du pain à vos poules, sonnez le tocsin, armez-vous de bâtons, cassez-lui les reins, si vous pouvez; c'est votre droit, vous êtes en cas de légitime défense; mais ne vous en prenez pas à monsieur, à un homme inoffensif, qui n'est pour rien dans les délits qu'on lui reproche.

Potiquet. Tout ça est bel et bon, mais nos canards y l'en sont pas moins *ad patres!*

L'Avocat. Eh bien, si l'on vous les paie?

Potiquet. Oh! du moment qu' c'est comme ça!

L'Avocat. Voyons, vous, Potiquet, de quoi vous plaignez-vous? — De six canards mis à mort?

Potiquet. Tout autant.

L'Avocat. Mettons-les à cinq francs, ça fera dix écus.

Potiquet. Et les p'tits, privés de leur mère, quoi qu'y vont deveni, ces pauv' afans?

L'Avocat. Ils sont orphelins! Je dois prendre en main leur défense. Vous aurez cinquante francs pour veiller sur ces frêles et intéressantes créatures.

Tabarot. Mais permettez...

L'Avocat. Laissez-moi donc faire. — Et vous, pour des poulets, vous, pour des lapins, vous consentiriez à porter la désolation dans une famille? Vos cœurs ne se fendent-ils pas à l'aspect de la douleur que vous causez à une fille, à une épouse, que vous frappez dans ce qu'elles ont de plus cher au monde?... N'avez-vous donc pas, vous aussi, des pères, des époux, des femmes, des enfants?... Et que feriez-vous, si l'on venait, tout à coup, au sein de vos agrestes foyers, les poursuivre, les traquer comme des bêtes fauves et les ravir à votre amour, à l'effusion de vos embrassements?

Potiquet. Ah! le brigand! a t'y la lángue bé pendue!

L'Avocat. Ah! je le vois, vous êtes émus, ma parole a été jusqu'à vos cœurs, ma cause est gagnée. Allons, allons, soyez généreux. Nous vous offrons, afin de compenser le dégât, cinquante écus, que vous partagerez entre vous. — Êtes-vous contents?

Tabarot. Mais...

Madame Tabarot. Oui, oui, payez, et débarrassons-nous de ces paysans.

Tous. Bravo! bravo! Vive monsieur l'avocat!

Tabarot, *à sa femme.* Puisque tu le veux... Mais c'est dur... Tenez. (*Il donne l'argent à Potiquet.*)

Potiquet. Eh ben! t'nais, vous êtes ein brave homme! et j'allons adresser eune pétition n'au gouvernement pour qui vous nommions maire d' la commune.

Tous. Oui! oui!

Tabarot. Merci, merci, je préfère cent fois retourner rue Saint-Denis. Vite, vite, nos paquets!

L'Avocat. Quitter cet heureux asile...

Madame Tabarot. Je l'espère bien.

L'Avocat. Quand tout le monde, ici, vous aime et vous honore!... Non, restez avec nous, respirez en paix l'air pur des champs, et vous verrez que ce n'est encore qu'au village que l'on vit tranquille, heureux et satisfait.

Tabarot. Je le croyais aussi, mais j'avais compté sans les voisins.

CHŒUR.

Que la paix nous accompagne,
Et pour l'avoir à tout prix,
Vite, quittons la campagne
Et retournons à Paris.

FIN.

MAGASIN GÉNÉRAL DE PIÈCES DE THÉATRE

Rue de Grammont, 14.

On trouve dans cette maison toutes les Collections de pièces de théâtre anciennes et modernes, ainsi qu'une grande quantité de pièces qui, n'ayant pas été réimprimées, manquent dans le commerce.

LA PERLE DU BRÉSIL, drame lyrique en 3 actes, par MM. J. Gabriel et Sylvain Saint-Étienne, musique de M. Félicien David. 1 fr.

LA BUTTE DES MOULINS, opéra-comique en trois actes, par MM. J. Gabriel et Deforges, musique de Boïeldieu. 1 fr.

LE MOULIN A PAROLES, vaudeville en 1 acte, par MM. J. Gabriel et Dupeuty. 60 c.

LES BRODEUSES DE LA REINE, coméd.-vaudev. en 1 acte, par MM. J. Gabriel et Dupeuty. 50 c.

LA BELLE CAUCHOISE, vaudev. en 1 acte, par MM. J. Gabriel et Paul Vermond. 50 c.

J'ATTENDS UN OMNIBUS, comédie-vaudev. en 1 acte, par MM. J. Gabriel et Paul Vermond. 60 c.

L'EAU DE JAVELLE, vaudev. en 1 acte, par MM. J. Gabriel et Dupeuty. 60 c.

DEUX PRINCES INDIENS, comédie en 1 acte mêlée de couplets, par M. J. Gabriel. 60 c.

QUATORZE DE DAMES, comédie-vaudeville en 1 acte, par MM. J. Gabriel et Dupeuty. 60 c.

RICHARD-COEUR-DE-LION, op.-c. en 3 act., paroles de Sedaine, mus. de Grétry, nouv. instrum. par A. Adam. 50 c.

ZÉMIRE ET AZOR, op.-c. en 4 a., paroles de Marmontel, musique de Grétry, nouv. instrum. de M. A. Adam. 50 c.

LE CAQUET DU COUVENT, op.-com. en 1 act. par. MM. de Planard et de Leuven, musique de M. H.-Potier. 50 c.

LA CACHETTE, opéra-comique en 3 actes, par M. de Planard, musique de E. Boulanger. 1 fr.

LE CORBEAU-RENTIER, vaudeville en 1 acte, par MM. de Leuven et Brunswick. 50 c.

LES TARTELETTES A LA REINE, vaudeville en 1 acte, par MM. Vanderburch et de Forges. 50 c.

LE MANCHON, comédie en 2 actes, en vers, par M. Cordelier Delanoue. 60 c.

LES TROIS PORTIERS, vaudeville en 2 actes, par MM. Dupeuty et E. Vanderburch. 60 c.

QUI DORT DINE, vaudeville en 1 acte, par MM. Cordelier Delanoue et Roche. 50 c.

LE PREMIER MALADE, vaudeville en 1 acte, par MM. Vanderburch et Mario Aycard. 60 c.

LES CANARDS DE L'ANNÉE, revue de l'année en 3 actes, par MM. Cormon et Grangé. 50 c.

LA VEUVE PINCHON, vaudeville en 1 acte, par MM. Vanderburch et Laurencin. 50 c.

RAIMBAUT ET Ce, comédie-vaudeville, en trois actes. 60 c.

L'ATELIER DE DEMOISELLES, vaudeville en 3 actes par Paul de Kock. 60 c.

LE LION ET LE RAT, vaudeville en 1 acte, par MM. de Leuven et Paul Vermond. 60 c.

LE BRACONNIER, opéra-comique en 1 acte, par MM. de Leuven et Vanderburch. 60 c.

WAN-DYCK A LONDRES, comédie en 3 actes, en prose, par MM. Michel Carré et Narrey. 60 c.

LES DEUX ANGES GARDIENS, comédie-vaudeville en 1 acte, par M. Deslandes. 60 c.

IL SIGNOR PASCARELLO, op.-c. en 3 act. par MM. Leuven et Brunswick, musique de M. H. Potier. 60 c.

LE MOBILIER DE ROSINE, vaudeville en 1 acte par MM. de Leuven, Brunswick et Siraudin. 60 c.

CANDIDE, conte mêlé de couplets, en 3 actes, par MM. Clairville, Saint-Yves et Choler. 60 c.

M. LE DUC ET MADAME LA DUCHESSE, vaudeville par M. Arsène de Cey. 60 c.

MIGNONNE, com.-vaud. en 1 acte, par M. Deslandes. 60 c.

LES DEUX CHEMINS, comédie en 1 acte en vers, par MM. L. de Rabastens et A. Grout. 60 c.

LE BUVEUR D'EAU, tableau populaire en 1 acte, par M. Deslandes. 60 c.

LA FIANCÉE DU PRINCE, coméd.-vaudev. en 3 actes, par MM. Davrecour et Arsène de Cey. 60 c.

LE HÉROS IMAGINAIRE, comédie-vaudev. en 1 acte, en vers, par MM. Léon de Rabastens et Marc-Constantin. 60 c.

LA PAIX DU MÉNAGE, vaudev. en 1 acte, par MM. Saint-Yves et Choler. 60 c.

UNE FEMME EXPOSÉE, vaudev. en 1 acte, par MM. Saint-Yves et Choler. 60 c.

UN MONSIEUR QUI VEUT EXISTER, vaudev. en 1 acte, par MM. Dartois et Ch. de Besselièvre. 60 c.

LORD SPLEEN, vaudeville en 1 acte, par MM. Arnet d'Avrecour. 80 c.

L'ILE DES BÊTISES, vaud.-revue en 3 actes et 5 tableaux, par MM. Honoré et Michel Delaporte. 60 c.

CASTAGNETTE, vaud. en 1 acte, par M. Deslandes. 50 c.

LA GAMINE, vaud. en 1 acte, par M. Deslandes. 60 c.

LE ROMAN CHEZ LA PORTIÈRE, folie-vaudeville en un acte. 60 c.

Paris. — Imprimerie de J. Claye, rue Saint-Benoît, 7.

9 782019 298425